from BLIGEARD SRÁIDE (1982)

from *GLEANN AR GHLEANN (1968-1981)*

"SELECTED POEMS
Rogha Dánta 1968-1984"

Michael Davitt

Raven Arts Press / Dublin

Selected Poems/Rogha Dánta
is first published in 1987 by
The Raven Arts Press
P.O. Box 1430
Finglas
Dublin 11
Ireland

All Irish poems © Michael Davitt, 1987
All translations © their respective authors, 1987

ISBN 1 85186 029 0 softback

*PB
1399
.D315
A6
1987
cop. 1*

Raven Arts Press would like to gratefully acknowledge the financial support of Allied Irish Banks in the production of this and other titles in *The Bright Wave* dual language series.

Raven Arts Press receive financial assistance from The Arts Council (An Chomhairle Ealaíon), Dublin, Ireland, and would also like to acknowledge assistance from The Arts Council's Authors' Royalty Scheme in commissioning these translations.

Tá Raven Arts Press buíoch de Bhord na Gaeilge as a gcuid urraíochta.

The Raven Arts Press wish to acknowledge the publishers/editors of the following publications in which the original poems and some translations first appeared: *Gleann ar Ghleann* (Sáirséal·Ó Marcaigh); *Bligeard Sráide* (Coiscéim); *Poets of Munster* (Brandon/Anvil); *Innti; Comhar; Poetry Now* (Goldsmith); *International Poetry Review* (Spring '79); *Ireland and the Arts* (Quartet); *Quoof* by Paul Muldoon (Faber).

A selection of these poems and translations appeared in *The Bright Wave* (Raven Arts Press).

Design and make-up by Máire Davitt.
Printed and bound in Ireland by The Nationalist, Carlow.

previously uncollected (1982-1984)

Tiomnaím an leabhar seo
do chairde uile Bhill W.

I dedicate this book
to all friends of Bill W.

M.D.

THE TRANSLATORS

Philip Casey [*PC*]
Paul Muldoon [*PM*]
Michael Hartnett [*MH*]
Jason Sommer [*JS*]
Michael O'Loughlin [*MO'L*]
Dermot Bolger [*DB*]
Gabriel Rosenstock [*GR*]
Gabriel Fitzmaurice [*GF*]
Michael Davitt [*MD*]

Lúnasa

másach mascalach stáidmhná
agus murúch fir
chuaigh ag tiomáint an tráthnóna lúnasa soir
faoi na tránna tréigthe

an breacsholas agus an dorchadas
ag iompó isteach is amach
idir gaineamh agus léas

taoscán vaidce agus toit

ruathar bóúil chun na taoide síos
ina craiceann gealaí
eisean de thruslóga rónda ar teaintiví
gur léim ar a muin de dhroim sobail
gur thiteadar i ngabhal a chéile ghoirt
gur shnámh a chéile trí chaithir thonnchíortha
faireoga tiarpacha le faireoga fastaímeacha

gur dhein pian amháin
de phianta an tsaoil
a shuaimhniú

dís débheathach
i bhfreacnairc mhearcair

August

a broad-beamed stately mannish woman
and a silkie man
took a spin of an august evening
along the empty strands

stippled light and shade
turning inside out
between silhouette and sand

a shot of Vladivar a cigarette

her rollicking down to the tide
in her moonstruck hide
his soft shoe shuffle at her hooves
till he bested her on the crest of a wave
and they set themselves up as pillars of salt
and swam through a swell of pubic hair
pleasure-gland to pleasure-gland

until at least one wound
among so many wounds
was salved

a pair of amphibians
in the oomph of quicksilver

[*PM*]

An Scáthán

i gcuimhne m'athar

I

Níorbh é m'athair níos mó é
ach ba mise a mhacsan;
paradacsa fuar a d'fháisceas,
dealbh i gculaith Dhomhnaigh
a cuireadh an lá dár gcionn.

Dhein sé an-lá deora, seirí,
fuiscí, ceapairí feola is tae.
Bhí seanchara leis ag eachtraí
faoi sciurd lae a thugadar
ar Eochaill sna triochaidí
is gurbh é a chéad pháirtí é
i seirbhís Chorcaí/An Sciobairín
amach sna daicheadaí.
Bhí dornán cártaí Aifrinn
ar mhatal an tseomra suí
ina gcorrán thart ar vás gloine,
a bhronntanas scoir ó CIE.

II

Níorbh eol dom go gceann dhá lá
gurbh é an scáthán a mharaigh é . . .

An seanscáthán ollmhór Victeoiriach
leis an bhfráma ornáideach bréagórga
a bhí romhainn sa tigh trí stór
nuair a bhogamar isteach ón tuath.
Bhínn scanraithe roimhe: go sciorrfadh
anuas den bhfalla is go slogfadh mé
d'aon tromanáil i lár na hoíche . . .

The Mirror

in memory of my father

I

He was no longer my father
but I was still his son;
I would get to grips with that cold paradox,
the remote figure in his Sunday best
who was buried the next day.

A great day for tears, snifters of sherry,
whiskey, beef sandwiches, tea.
An old mate of his was recounting
their day excursion
to Youghal in the Thirties,
how he was his first partner
on the Cork/Skibbereen route
in the late Forties.
There was a splay of Mass cards
on the sitting-room mantelpiece
which formed a crescent round a glass vase,
his retirement present from CIE.

II

I didn't realise till two days later
it was the mirror took his breath away. . .

The monstrous old Victorian mirror
with the ornate gilt frame
we had found in the three-storey house
when we moved in from the country.
I was afraid that it would sneak
down from the wall and swallow me up
in one gulp in the middle of the night. . .

13

Ag maisiú an tseomra chodlata dó
d'ardaigh sé an scáthán anuas
gan lámh chúnta a iarraidh;
ar ball d'iompaigh dath na cré air,
an oíche sin phléasc a chroí.

III

Mar a chuirfí de gheasa orm
thugas faoin jab a chríochnú:
an folús macallach a pháipéarú,
an fhuinneog ard a phéinteáil,
an doras marbhlainne
a scríobadh. Nuair a rugas ar an scáthán
sceimhlíos. Bhraitheas é ag análú tríd.
Chuala é ag rá i gcogar téiglí:
I'll give you a hand, here.

Is d'ardaíomar an scáthán thar n-ais in airde
os cionn an tinteáin,
m'athair á choinneáil
fad a dheineas-sa é a dhaingniú
le dhá thairne.

While he was decorating the bedroom
he had taken down the mirror
without asking for help;
soon he turned the colour of terracotta
and his heart broke that night.

III

There was nothing for it
but to set about finishing the job,
papering over the cracks,
painting the high window,
stripping the door of the crypt.
When I took hold of the mirror
I had a fright. I imagined him breathing through it.
I heard him say in a reassuring whisper:
I'll give you a hand, here.

And we lifted the mirror back in position
above the fireplace,
my father holding it steady
while I drove home
the two nails.

[*PM*]

Urnaí Maidne

Slogann dallóg na cistine a teanga de sceit
caochann an mhaidin liathshúil.
Seacht nóiméad déag chun a seacht
gan éan ar chraobh
ná coileach ag glaoch
broidearnach im shúil chlé
is blas bréan im bhéal.

Greamaíonn na fógraí raidió den bhfo-chomhfhios
mar a ghreamódh
buíocán bogbheirithe uibh
de chois treabhsair dhuibh
mar a ghreamódh cnuimh de chneá.
Na héisteodh sibh
in ainm dílis Dé *ÉISTÍG* . . .

Tagann an citeal le blubfhriotal miotalach
trí bhuidéal bainne ón gcéim
dhá mhuga mhaolchluasacha chré.
Dúisigh a ghrá
tá sé ina lá. Seo, cupán tae
táim ag fáil bháis
conas tánn tú fhéin?

Morning Prayer

The kitchen blind gulps its tongue in fright
morning winks a grey eye.
Seventeen minutes to seven
not a bird on a branch
not a cock crowing
my left eye is pounding
there's a foul taste in my mouth.

Radio commercials cling to the id
like the yolk
of a halfboiled egg
to a black trouser leg
like a speck to a wound.
Will you not listen
in the name of sweet Christ *SHUT UP* . . .

The kettle comes with metallic splutters
three bottles of milk from the doorstep
two abashed clay mugs.
Wake up my love
it's morning. Here's a cup
of tea. I'm dying.
How are you?

[*PC*]

17

Ó Mo Bheirt Phailistíneach

— 18/9/82, iar bhfeiscint dom tuairisc theilifíse
ar shlad na bPailistíneach i nBeirut.

Bhrúigh mé an doras
oiread a ligfeadh solas cheann an staighre
orthu isteach:

na héadaí leapa caite díobh acu
iad ina luí sceabhach
mar ar thiteadar:

a gúna oíche caite aníos thar a mása
fuil ar a brístín lása,
as scailp i gcúl a cinn

a hinchinn sicín ag aiseag ar an bpiliúr,
putóg ag úscadh as a bholgsan
mar fheamainn ar charraig,

ae ar bhráillín,
leathlámh fhuilthéachta in airde.
Ó mo bheirt Phailistíneach ag lobhadh sa teas lárnach.

18

O My Two Palestinians
— having watched a television report on the
Palestinian massacre in Beirut, 18/9/82.

I pushed open the door
enough to let light from the landing
on them:

blankets kicked off
they lay askew
as they had fallen:

her nightgown tossed above her buttocks
blood on her lace knickers,
from a gap in the back of her head

her chicken brain retched on the pillow,
intestines slithered from his belly
like seaweed off a rock,

liver-soiled sheets,
one raised bloodsmeared hand.
O my two Palestinians rotting in the central heat.

[PC]

Ár gCumann Diamhair
do Mháire

Beireann tú anlann ár gcumainn dhiamhair
gach mí. I bhfios ná gan fhios
níor chuas ina lántaithí fós.
Tagaim air uaireanta trí bhotún
i gcúinne tharraiceán na stocaí
ar tí úscadh trí bhindealán tisiú;
uaireanta sa dorchacht
faoid ghabhal.

An cuimhin leat an oíche lóistín
in Inis fadó — na comharthaí doichill,
fuarbholadh an tseomra chodlata?
Dúraís: "bail an deabhail ar bhean an tí
is ar a cuid braillíní bánbhuí!"
An cuimhin leat an gal ag éirí
as an leaba? An cuimhin leat
an mhí?

Athchuimhním ar mo shamhnas ar maidin
le d'ubhán doirte is ar mo chur i gcéill
á rá gur cheiliúradh é ar do bhaineannacht.
Ar éiríomar ceartchreidmheach le haois?
Ar cheansaigh na leanaí ár dteanntás,
an bheirt a shaolaís
is an toircheas anabaí
a fuair bás?

Our Mysterious Relationship
for Máire

You bear the blood of our mysterious relationship
Every month. Consciously or unconsciously
I have still never adapted to it.
Sometimes by mistake I encounter it
Tucked in the corner of a drawer of socks,
Gradually seeping through a discoloured bandage:
Sometimes in the dark
Under your vagina.

Do you remember the B&B
In Ennis years ago? — that grim inhospitality,
The cloying, musty bedroom?
You said: "To hell with the landlady
and her off-white sheets!"
Do you remember the steam rising
From the bed? Do you remember
The month?

I recall my nausea the next morning
At your spilled ova and my pretence
At calling it a celebration of your womanhood.
Has time moulded us into orthodoxy?
Have children subdued our irreverence,
The two you bore
And the premature growth
That died?

[*DB*]

I gClochar na Trócaire

Dieu me pardonnera, c'est son métier.
— Heinrich Heine

Raghainn níos faide anois dá ligfeá dom.
Tá ár súile gafa cheana tríd ó bhun
go barr go tarr, dátheangach.
Nílim ag caint ar aon ní achrannach doimhin
ach ar rud éigin neamhachrannach doimhin
nach mairfeadh ach fiche neomat,
fiche cúig ar a mhéid:
chasfainn an eochair le discréid
d'iompóinn pictiúr an Easpaig
choinneoinn mo ghuth umhal, a Shiúr,
mo dhán go hard ag maistreadh drúchta
i gcoim do shléibhe fraoigh.
Eadrainn féin é mar chuigeann,
ár dtriúrna amháin: tusa, mise, Eisean —
ní leáfadh an t-im inár mbéal.

In the Convent of Mercy

Dieu me pardonnera, c'est son métier.

— Heinrich Heine

Now I'd go further than you would allow:
Our eyes having done it already from toe
To veiling cowl and back, bilingually.
I don't wish for such awkward intensity
But for sensations, overspilling naturally,
To eclipse us for just twenty minutes
Or a shocked twenty five at a stretch.
I would reverse the bishop's portrait,
I would twist the convent key discreetly,
Sister, I would lower my voice to you
And let my rhapsody churn the dew
From your depths of heatherfilled vales.
This will remain our secret churning,
Tasted only by the trinity of you, me and Him —
The butter will not melt in our mouths.

[DB]

Lá des na Laethanta i Sráid Grafton

Lá des na laethanta
go mbíonn fiúntas i ngach mioniontas:
dioscó sa tsráid,
fáinne airgid ag gabháil thar bráid,
stoca toitín, dár thug beol dath,
ag lasadh fós ar an gcasán
faoi mhacha cos.
Lá des na laethanta
ag spásáil thart,
ag déanamh siadsan de sinne
an treabh leamh lán de chúiseanna
gan bheith lán de chúiseanna . . .

Á Dia dhuit a Sheáin.
Ní d'iarraidh bheith fiosrach atáim
ach cad d'imigh ort forfucsaeic
tánn tú ar nós duine des na hIndiaigh
as How The West Was Won
agus an gá dáiríre na bioráin?
'Chríost na bioráin sin ar fad
ní bheadh a fhios ag duine
ciacu atá do bhríste ag coimeád
na mbiorán le chéile
nó na bioráin ag coimeád do bhríste le chéile!

Dhera lá des na laethanta
nár mhór duit mórán biorán
ceann tríd theanga
ceann tríd bhuachaill
tá ceann ag Suzi ina knickers fiú.
Agus céard fútsa?

One of those Days in Grafton Street

One of those days
when there is value in every little wonder:
a disco in the street,
a silver *fáinne* passing by,
a butt of a cigarette, to which lips stick,
is still lit on the pavement
under droves of feet.
One of those days
spacing around
making *them* out of us:
the boring tribe full of causes
for not being full of causes.

How are you Seán.
Not to be inquisitive
but what's happened to you forfucksake
you're like one of the Indians
out of How The West Was Won
and do you really need the pins?
Christ, all those pins
you wouldn't know
whether your pants are keeping the pins together
or whether the pins are keeping your pants together!

Yera it's one of those days
when you need a lot of pins
one through your tongue
one through your tool
Suzie even has one in her knickers.
And what about you?

Ní bioránta, ní bioránta.
Ag gabháil do dhánta.
Ag gabháil do dhánta.

Not pinned down, not pinned down.
Making poems.
Making poems.

[*JS*]

Ór-Óid

"Dia dhaoibh, a dhaoine uaisle,
Fearaim fíorchaoin fáilte romhaibh anseo anocht.
Oíche stairiúil, ní miste a rá: an chéad chruinniú
Den **Ollchoiste um Athbhreithniú Fheidhm an Choiste
In Obair na hAthbheochana.**
Is é ár gcéad chúram anocht baill a thoghadh
Don Lárchoiste Feidhmiúcháin,
Chun go gceapfar ansin baill
Do Chomhchoiste Comhairleach na gCeapachán.
Beimid ábalta díriú ansin
Le cúnamh Dé ar leagan amach
Na bhFo-Choistí: An Fo-Choiste Airgeadais,
An Fo-Choiste Oideachais,
An Fo-Choiste Caidrimh
Agus aon Fho-Choiste eile a mholfar.
Ach sula ndéanfar san
Agus sula mbeidh briseadh beag fiche nóiméad
Againn le haghaidh tae agus brioscaí,
Beimid ag glacadh le hainmniúcháin
Don Choiste Pleanála, a mbeidh mar chúram air
Plean docht oibre a leagan amach
Chun go gcuirfear an obair thábhachtach seo
I gcrích le héifeacht.
Ní miste a lua nach bhfuil sa bhFo-Choiste Tae
Agus Brioscaí
Ach Coiste *ad hoc* ag an staid seo
Agus leanfaidh sé ar aghaidh ar an mbonn sin
Nó go gceapfar
Comhchoiste Comhairleach na gCeapachán.
Beidh gá gan amhras le fo-choiste *ad hoc* chun moltaí
A chur ar aghaidh maidir le comhdhéanamh
Chomhchoiste na gCeapachán.
Sea. Ceist ansin . . . ?

Lipservice

"Good evening ladies and gentlemen.
I would like to extend a warm welcome to you here tonight.
An historic night indeed: the inaugural meeting
Of the **Grand Committee For The Reassessment Of Committees
In The Work Of The Irish Language Revival.**
Our first task tonight is to elect the members of
The Central Executive Committee,
In order that we may appoint members to
The Advisory Appointments Joint Committee.
We may then proceed please God with the structuring
Of the Subcommittees: The Finance Subcommittee,
The Education Subcommittee,
The Communications Subcommittee,
And any other Subcommittee which may be necessary.
But before we come to that
And prior to our twenty minute break
For tea and biscuits
We will be accepting nominations
For the Planning Committee, the function of which
Will be to prepare a strict plan
So that this important work
Will be carried out effectively.
Maybe it would be no harm to mention
That the Tea And Biscuits Subcommittee
Will operate on an *ad hoc* basis for the moment
And will continue to do so
Until The Advisory Appointments Joint Committee
Is elected.
Of course an *ad hoc* subcommittee will be needed
To submit proposals as to the composition
Of the Appointments Joint Committee.
Yes. We have a question . . .?

Deirtear liom go bhfuil an tae déanta.
Bualadh bos mór don bhFo-Choiste *Ad Hoc* Tae
Agus Brioscaí.''

I am informed that the tea is ready.
A generous round of applause for the *Ad Hoc*
Tea And Biscuits
Subcommittee.''

[*MD*]

Cuairt ar Thigh m'Aintíní an Nollaig Sarar Rugadh Mé

Na ráithí gan mheáchan:
cuachta i mbolglann a tí Shasanaigh,
a croí-bhuillí fó thoinn,
a guth imirceora ag teacht i dtír
ar aiteas na háite.

An Nollaig sarar rugadh mé
bhusamar go léir amach
ar cuairt chuig deirféaracha a céile,
snasairí singile taephotaí airgid
i dtearmann de Valera;
ní foláir nó níor ligeas i ndearmad
an chaint antaiseipteach
sa chistin thílithe,
ná an staighre bog.
Maireann na fasaigh neamh-mhínithe,
na braistintí bheith gafa tríd
sara dtagaim chuige.

Dosaon bliain dom san atmaisféar,
im aoi-*soprano* cúinne sa chistin chéanna
ná hiarrfadh ná diúltódh athchupán
a chaithfeadh amhrán le Thomas Moore
a chanadh, a chaithfeadh aontú
nárbh aon mhaith an Ghaeilge
chun fáil isteach sa Bhanc,
a shleamhnódh amach
an staighre clúmhach suas
chun faoisimh seal ón ngaol-lathas.

Na ráithí suansiúil.

Visit to my Aunts' House the Christmas Before I was Born

The floating seasons:
crouched in the stomach of her English house,
her underwater heart beats,
her immigrant's voice keeping its head above
the strangeness of the place.

The Christmas before I was born
we all bused out
on a visit to her spouse's sisters,
two silver teapot spinsters
in de Valera's shining sanctuary;
I must never have forgotten
the antiseptic talk
in the tiled kitchen
nor the feel of the soft stairs.
Precedents remain unexplained,
feelings of having gone through it
before I get there.

My twelfth year in the atmosphere,
a guest soprano in the corner of that same kitchen,
reluctant to either ask for or refuse another cup,
felt obliged to perform a Thomas Moore song
and agree that Irish would not help
to get a job in the Bank,
would slip out
up the downy stairs
for brief relief from relatocracy.

The sleepwalking seasons.

[*MD*]

33

Dréacht a Trí de Bhrionglóid
— i dTigh Tyrone Guthrie, Eanach Mhic Dheirg,
Co. Mhuineacháin.

An doras, an scáildoras
Tarraingthe. An aigne iata.
Téann súil an anama
Ag siúl an tí mhóir . . .

leacacha forhalla
a thugadh tine chreasa
uathu faoi bhuataisí
marcaíochta

póstaer den
Mherchant of Venice sa
gCovent Garden
1827

iarsmaí de
chúlchistin ghlé
ghruthach

portráidí
des na beoibh
ar mairbh
óige aoibhinn uasal
na mbruinneall
an tseanlady
lena hinsint féinig
ar bheatha
fhallaingeach
amuigh
ar na hiomairí

34

Third Draft of a Dream
— in Tyrone Guthrie's house, Annaghmakerrig,
Co. Monaghan.

The door, that shadowy door
Closes. And the mind is closed.
A disembodied eye
Roves through the big house . . .

the great hall's flagstones
that sent showers of sparks
from riding
boots

a poster announcing
The Merchant of Venice
at Covent Garden
in 1827

the relics
of butter-making
in a bright back-kitchen

the family portraits
of the once-quick
now dead
a dream of fair women
in the first flush of youth
the lady of the house
telling her tale
of a life
lived behind a veil
while out
in the ploughing

milliún insint eile
nach í (nárbh
ábhar ola ar chanbhás)
ag cogarnaíl

an loch
an choill
ag téaltú aníos
as an oíche
a gcór guthanna
ag crónán rúin
na n-iascairí
na leannán
is filleann arís
gan sceitheadh
ar a gceartsuíomh

Ar maidin, fiagaí focal
Á phlucáil as a chodladh
Ag spéirarm fáinleog.
Suíonn chun boird
Tugann faoi
Dhréacht a dó
Den bhrionglóid.

a million other versions
of life — no fit subjects
for oil
on canvas —
are conspiring

the lake
the wood
stealing up
through the darkness
their chorus of voices
murmuring the secrets
of fishermen
and lovers
then making their way back
discreetly
to their proper place

In the morning, a hunter of words
Is snatched from his bed
By a squadron of swallows.
He sits at the table
To begin
The second draft
Of the dream.

[*PM*]

Crannlaoch

do Mháirtín Ó Direáin

Coigil do bhrí
A fhir an dáin
Coigil faoi thrí,
Bí i do chrann.

Sheas ar leac an tinteáin
Duilliúrdhánta ina láimh
Glór mar cheol toirní
Súil dharach an chrannlaoich.

Dearcán solais dár thuirling
De ruachraobh anuas
Phréamhaigh i ndán ar lár
Ár lomghoirtín is d'fhás.

Hearts of Oak
for Máirtín Ó Direáin

Save your breath,
Poem-maker.
Keep it under wraps
In the tall tree of yourself.

When he stood on the hearthstone
His hands would rustle with new poems.
A peal of thunder when he spoke.
His eye was a knot of oak.

A little acorn of light pitched
Into our bald patch
From the red branch above
Might take root there, and thrive.

[*PM*]

Máistir Scoile

D'fhágais an scoilbhliain
id dhiaidh sa chathair.
Is maith a d'aimseodh
rian na cailce
ar do gheansaí Árann.
Tá fear ón áit farat
ag an gcuntar; chuala
ag rá *cúntúirt* tú uair
nó dhó anocht; ní foláir
nó bhís ar an mBuailtín
cheana, a sheanmháistir,
ach níor leagas-sa súil ort
le dhá scoilbhliain fichead.

Is cuimhin liom go mbíteá
ag caint fadó ar Thír na nÓg
agus b'fhearr ná *sixtyfoura*
d'eachtraí ailigéadair
ar chúrsa uachtarach
an Zambezi íochtaraigh:
mar a chröiteá piobar
i súile liopard,
do shíoba grinnill
ar eireaball crogaill.
Toisc gur chreideamar ionat
chreideamar tú,
b'in do bhua scéalaí:
an fhírinne gheal a rá,
don diabhal leis na fíricí.

N'fheadar an aithneofá mise
dá mbuailfinn trasna chugat

Schoolmaster

You left the school year
back in the city.
It would be hard to find
a trace of chalk
on your Aran sweater.
There's a local man with you
at the counter; I heard you
pronounce it *cúntúirt* once
or twice tonight; it seems
you've been in Ballyferriter
before, old master,
but I haven't seen you
in twenty-two school years.

I remember you used to
talk long ago about *Tír na nÓg*,
and outdid the *sixtyfoura*
with your alligator adventures
by the upper reaches
of the lower Zambesi:
the way you shook pepper
in the eyes of a leopard,
your river bottom rides
on a crocodile's tail.
Because we believed in you
we believed you,
that was your story-teller's gift:
to tell the bright truth —
to hell with the facts.

I wonder would you recognize me
if I went over to you

is dá ndéarfainn:
"Dia dhuit a mháistir
is mise Mícheál Mac Dáibhíd
an cuimhin leat gur mhúinis mé
i Rang a Trí?"
An ndéarfá: "Á a Mhichíl
is cuimhin is cuimhin
bhí guth binn agat
bhíodh do chuid gramadaí cruinn."

A Chríost, ní hea.
Fanfad anseo i gcúinne an tí
go bhfille do ghábhanna
teicnidhaite chun mo shamhlaíochta;
is do chúinne féin
den chuntar samhraidh
fágfad agat le gean
mar d'fhágais an scoilbhliain
id dhiaidh sa chathair, Tarzan.

and said:
"Hello, sir,
I'm Mícheál Mac Dáibhíd,
remember you taught me
in third class?"
Would you say: "Ah, Mícheál,
I remember, I remember
you had a sweet voice
and excellent grammar."

Christ no.
I'll stay here in the corner
to let your technicolour perils
replay in my mind
and leave you affectionately
to your own corner
of the summertime counter,
since you left the school year
back in the city, Tarzan.

[*JS*]

Lá na gCeaintíní

Cad a d'fhág sí ina diaidh
tar éis di teitheadh?
Ár n-aonacmhainn, tigh.

Tigh lán de ráflaí,
áiseanna díomhaoine féin-chúléisteachta,
iarsholas leanaí.

Bhí foirmeáltacht sa rud ar fad;
bhí gá le cath.
Is tar éis an éigean uabhair

ní chorraíonn na sin-seaníomhánna
ar urlár an áir;
ná níl sileadh pinn fíona

le teacht i dtír ar an siúl-amach:
ach leathbhróg ar an staighre,
arán ag dó.

The Day of the Bickering

What did she leave behind
when she ran away?
Our one asset, a house.

A house full of rumours,
unused self-listening devices,
the afterglow of children.

There was a formality about it all;
there was a need for a battle.
And pride having run its full course

the great-grand images lie motionless
on the battle floor;
nor is there a nib's worth of wine

to commemorate the walk-out:
just a shoe on the stairs,
bread burning.

[*JS*]

Frère Jacques

inár sibhialtacht bhruachbhailteach
gonár n-eastáit ghualthéite
gonár lárionad nua siopadóireachta
gonár dtírdhreach de ghloine bhriste agus carrpháirteanna
gonár mbodóinseacha i mbun an bhacáin
    ag titim chun feola ar bhrioscaí agus vailiam
gonár nósanna cuma-liom

    "Aindí leisciúil
    Aindí leisciúil . . .

inár sibhialtacht bhruachbhailteach
gonár bpuipéid ainrialta
gonár bhfualáin chultúir
gonár gcairde teibí
gonár ndeolscuainí
gonár scáthán laethúil

    . . . Ina luí
    Ina luí . . .

inár sibhialtacht bhruachbhailteach
gonár gcléir atá mór le Dia
gonár nDia a thuairiscítear a bheith mór
    le gliúbholadóirí éigneoirí fuadaitheoirí
    meisceoirí féinmharfóirí corrthónaithe
    pinn is páir brionglóideoirí píptheilifíse
gonár dT.Dianna a haon a dó a trí
    ár nAthair atá ar neamhní

    . . . Tá sé in am bricfeasta
    Tá sé in am bricfeasta . . .

Frère Jacques

in our suburban civilisation
with our coal fired estates
with our pristine shopping centre
with our landscapes of broken glass and wrecks of cars
with our cock-crazed women churning out kids
  running to fat on cookies and valium
with our customary couldn't-care-less

  "Lazy Andy
  Lazy Andy . . .

in our suburban civilisation
with our manic marionettes
with our culture pimps
with our abstract friends
with our dole-hordes
with our daily mirror

  . . . He's asleep
  He's asleep . . .

in our suburban civilisation
with our clergy who are well in with God
with our God who they say is well in
  with glue-sniffers rapists thieves
  drunkards suicides pushers
  of pens piped television dreamers
with our T.D.'s one two three
with our Father who art in a heavenly void

  . . . Breakfast's on the table
  Breakfast's on the table . . .

inár sibhialtacht bhruachbhailteach
gonár mbruachaigne ná soilsíonn trí
    spéirbhlaosc theimhneach an mheánlae,

go dtaga stoirm shneachta
tonn teaspaidh
sruth tonúil bradánach

    . . . *Bí i do shuí*
    Bí i do shuí."

in our suburban civilisation
with our marginalised mind
    which cannot illuminate
    the opaque skull of the afternoon sky —

that a snowstorm may come
a heatwave
a tonal salmoned stream

  . . . *Sit you down*
  Sit you down.''

[*MO'L*]

Ragham Amú
do Ghabriel

Is bás, dar liom fós, freagairt,
Is beatha fiafraí —
Ragham amú tamall eile
Is chífeam an tír.
   — Seán Ó Ríordáin

ragham amú
siar ó dheas
aniar aduaidh
beam ag tnúth
le teas an ghutha
ragham ag triall
ar Rí na bhFeart
is i ndeasghnáth
coinnle is craicinn
i gCaiseal Mumhan
dófam ár seascdhámh
i dtine chnámh
is scaipfeam an luaith
ar choincleach an traidisiúin
ragham amú
déanfam dearmhad
ar mhórdhearmhad
i seachrán sléibhe
nó ar maos
sa riasc
idir Altan Mór
is Altan Beag
ag stáisiún traenach
Chaiseal na gCorr
fágfam slán

We Will Stray
for Gabriel

Death, I still think, is answer
Life is question —
We will stray another while
And see the land.
— Seán Ó Ríordáin

we will stray
south-west by south
from the north-west
we will expect the heat of voice
we will seek Almighty God
and in a rite
of candles and skin
in Cashel
we will singe our barren bards
in a bonfire
and scatter their ashes
on the mildew of tradition
we will stray
we will make mistake
upon mistake
in our mountain wandering
or steeped
in a marsh
between
Altan Mór
and Altan Beag
at the railway station
of Caiseal na gCorr
we will bid farewell

leis an traein stairiúil
a théann amú
ragham amú
ag guthántaíocht
ó pholla go polla
i gcearnóga feinistreacha
Bhleá Cliath a dó
go loiscfear sinn
i ndeargchogar
an ghutha mhóir
tabharfam timchuairt
na himpireachta lathaí
ar ghlúine gágacha
ag gairm go had
na máistrí
Ó Bruadair
Eoghan Rua
Aodhagán
cuirfeam dínn
an cian oidhreachtúil
is ragham amú
tá an guth
ag tuar ré nua
ré an duine bhig
ré an tsaoil istigh
ré an tSasanaigh
ré an Éireannaigh
ré na bprátaí úra
sáfam biorán suain
i gcroí an bhuama
ár gceann i súil
ar hairicín
canfam roscanna breithe
roscanna fáis

to the historic train
that goes astray
we will stray
phoning
from poll to poll
in the windowed squares
of Dublin two
until we are burnt
in the bloody whisperings
for the great voice
we will force a circuit
of the muddy empire
on chaffed knees
calling loudly on
the masters
Ó Bruadair
Eoghan Rua
Aodhagán
we will banish
the hereditary depression
and we will stray
the voice
is heralding a new age
the age of the small man
the age of the inner life
the age of the English
the age of the Irish
the age of new potatoes
we will anaesthetize
the heart of the bomb
our head in the eye
of the hurricane
we will sing birth-songs
growing songs

ní dhamnóm
ach Ainglín an Uabhair
daonnóm an Eaglais
cuirfeam deireadh
le mór is fiú
ragham amú
is i ndeireadh
an chúrsa thiar
mairfeam faoi adhall
ag cur tráthnóntaí
píopaí cré amú
ag claochlú
claochlóm
ragham uasal
ragham íseal
éireom

we will condemn only
the Angel of Pride
we will humanize the Church
we will end
conceit
we will stray
and at the end
of the day
we will live in heat
sending evenings
of clay pipes astray
changing
we will change
we will go proud
we will go low
we will go

[*GF*]

Aonach na Súl

I

Tá ina bhiaiste na mbrístí gearra
na gcíocha gan chíochbheart
ó d'ardaigh an ceo.
Tá an Daingean ag déanamh
súilíní
ag faire féachaint
an bhfeicfí:
  súile circe
  súile sprice
  súile bric
  súile cait
  súile bodhra
  súile balbha
  súile margaidh
  súile folaigh
  súile buinní
  súile an tsaoil
  súile a mháthar
  súile gael
  súile gall
  súile gallghael
  súile gaelghall
  súile na háite
  súile snáthaide
  súile bóna
  súile tóna
  súile siúil
  súile súl

Eye Market

I

The shorts season is back
breasts are braless
since the fog cleared.
Dingle town
is agog
all eyes
on the spectacle:
    hen eyes
    bull eyes
    trout eyes
    cat eyes
    deaf eyes
    dumb eyes
    bargain eyes
    hidden eyes
    running eyes
    world eyes
    mother eyes
    gaelic eyes
    foreign eyes
    foreign gaelic eyes
    gaelic foreign eyes
    local eyes
    needle eyes
    collar eyes
    arse eyes
    travel eyes
    eye eyes

II

Táimid ag glinniúint
trí spéaclaí 3D
ar Iníon Uí Shúilleabháin
súilín óir a Mamaí.
a Mhuire!
péire breá malaí
aon mhac imrisc amháin.
Táimid ag piocadaíl
ar Double Club Burger
a bhfuil Keep America Beautiful
scríofa ar chúl an pháipéir shnasta
atá fáiscthe air.
Tá seanbhrocaire truamhéileach
ag féachaint
mar a bheadh tincéir
ag iarraidh déirce.
In ainm Dé
canathaobh go bhfuilimid
ag ithe Double Club Burger
anyway?
Thiar, thiar, goid diogaí.
Seo dhuit. Píosa Double Club Burger.

III

Tá an milltéan mic
ina chulaith check
ag baile ó Springfield Mass.
maraon lena bhudragár mná
ar gor faoina folt gorm.
Conas a sheasann sé an teas
ina chulaith check?
Conas a sheasann sé ise?

II

We are leering
through 3D specs
at Sullivan's Daughter
the apple of her mammy's eye.
Mother of God!
A grand pair of eyebrows
one furry pupil.
We are picking at
a Double Club Burger
with Keep America Beautiful
stamped on the back
of the shiny wrapper.
A sad old terrier
is breaking our hearts
like a tinker
begging for a shilling.
For God's sake
how come we're
eating a Double Club Burger
anyway?
Here, here, good doggy.
Here you are. A piece of Double Club Burger.

III

The prodigal son
in his check suit
is home from Springfield Mass.
with his budgie wife
brooding beneath her blue rinse.
How does he stand the heat
in his check suit?
How does he stand her?

Cén saghas áit é Springfield Mass.?
Bhfuil páirc phoiblí ann
bláthanna
faichí bearrtha
jagaeirí?
Dá mbaileoimis céad míle páipéar snasta
Double Club Burger
sea agus iad a ligint le gaoth ag
Féile Bhrúscair Pháirc an Earraigh.
Bheadh stáitse againn
agus P.A.
fiche míle grúbhaer,
is ní cheadófaí Béarla!

IV

Ní chímid faic ach taobh bus.
Anois Eorpaigh
sean-Eorpaigh is Eorpaigh óga órga
ar nós Gearmánaigh ó Chalifornia
fiacla bána
craiceann buí
glan,
conas a choimeádann siad chomh
glan?
Bhan bheanaíle aghscraoim plíos.
Sainc iú.
Eant fitch bhé íos
De Cleevawn Guest House?
  De Cliabhán Geist Heabhas?
  Abhait de róid ababhait tiú myles.
Sainc iú . . .

What sort of place is Springfield Mass.?
Does it have public parks
flowers
well cropped lawns
joggers?
If we collected one hundred thousand shiny
Double Club Burger wrappers
yeah and released them in the wind
at the Springfield Garbage Festival.
We'd have a stage
and P.A.
twenty thousand fans
and English banned!

IV

Nothing now but the side of a bus.
And Europeans
old Europeans and golden young Europeans
like Germans from California
white teeth
tanned
clean,
how do they keep themselves so
clean?
Van Vaneella eyescream plees.
Sank you.
Ant fitch vay iss
de Cleevawn Guest House?
  De Cleevawn Geisht Howous?
  Owit de roaid abawit too myles.
Sank you.

V

Tá iascairí ag teacht i dtír ag ól beer.
Tá an brocaire ag iarraidh dul in airde
ar phúidil ó Ghlasthule (trua).
Tá budragár an mhillteán mic
ag glacadh pic (peck check click).
Tá bus ag iarraidh dul soir.
Tá bus eile ag iarraidh dul siar.
Tá Merc an Mhinistir stiuc sa trácht.
Tá súil Dé ar maos sa bhá.
Faigh deontú eacs thim abhait
dait Galetuct Greint?
  Gaid úr raight.
Faidhl híos daor laighc.
  Faidhl aighim thiar.

V

Fishermen are coming ashore drinking beer.
The terrier is trying to get up on
a poodle from Glasthule (poor bugger).
The prodigal's budgie
is taking pics (peck check click).
A bus is trying to go east.
A bus is trying to go west.
The Minister's Merc is in the way.
God's eye is soaking in the bay.
   Fwhy don't you axe him abouit
dat Gaeltuct Graint?
   Gaid oor raight.
Fwile he's dayor, laike.
   Fwile I'm here.

[PC]

Ag Leá

Mar a leáigh an t-oighearshruth
a scaob an tír
ó Chruach Mhárthain
go barra méar an Triúr Deirféar
an leáfaidh an teanga
inár mbéal?
An leathfaidh caonach liath
ón ár gcluasa aniar
os cionn ár súl
chun ná feicfimid
ach seitgháire an adhlacóra
os cionn na huaighe
chun ná cloisfimid
ach an chré
á scaobadh anuas
ar an gcónra?

Dún Chaoin, Bealtaine 1981

Melting

As the glacier
Which clawed the earth
From Cruach Mhárthain
To the Three Sisters' fingertips
Melted
Will this tongue dissolve
In our mouths?
Will mildew spread
Out from our ears
To engulf our eyes
Till we can only see
The undertaker's snigger
And hear only
The soft nails of clay
Scattered on the coffin?

[DB]

Ag Dó
do Liam

Lasracha aníos
as siléar príobháideach
ár bhfocail; nó,
coiscéimeanna
ar staighre éalaithe;
uaireanta eile, seasaid
fad éisteachta uainn
gan ainm
i gcótaí buí aidhl.

Inár gcúinne toitcheoch
cuirimid rithim le brí,
leabhróg le ceolánacht
na hoíche.

Baile Átha Cliath, Eanáir 1983

Burning
for Liam

Our words
Are flames spurting
From a bolted cellar
Or footsteps
Rattling a fire escape:
Occasionally they stand
Within hearing distance
Anonymous
In yellow oilskins.

Through the smoke of our corner
We are fusing sense and rhythm
A libretto for the ringing
Chords of the night.

[*DB*]

Ar Fhilleadh Abhaile ó Dhún Chaoin

Aithne dhúnchaoineach atá anois agam
Orm féin.
An fada a mhairfidh sí?
An mbuailfead arís liom féin
Sa slua i Sráid Phádraig —
Seanchara caillte le mí —
Nó an seachnód é (más féidir)
Go dtí aimsir na Nollag
Go mbainfimid beirt Dún Chaoin amach
An turas seo?
Seans go bhfuil athrú air le mí,
Seans go raibh sé i nDún Chaoin le mí
I ngan fhios dom.

Deireadh Fómhair 1968

On Returning Home from Dunquin

I have a Dunquinian knowledge
Of myself now.
How long will it last?
Will I meet myself again
Among the crowd in Patrick Street —
An old friend lost for a month —
Or will I avoid him (if possible)
Until Christmas
So that the two of us may head for Dunquin
Then?
Chances are he has changed during the month
Chances are he was in Dunquin for a month
Without my knowledge.

[*JS*]

Chugat

ná fan rófhada liom
mura dtagaim sa samhradh bán
uaireanta meallann an fharraige mé

ar an mbóthar fada chugat
níl inti ach mo dheora féin

slánaigh do chroí
ná habair gur thréigeas thú
abair gur bádh mé

To You

don't wait too long for me
if I don't arrive in white summer
sometimes I'm tempted by the sea

on the long road to you
it is no more than my own tears

keep your heart safe
don't say I left you
say I drowned

[*PC*]

Abendrot

ciúin
ár bhfán trá

do dhá shúil
lán d'íocshláinte
na gaoithe

thugas faoi deara naomhóg
ag déanamh ar an ngréin
agus faoileán ina sheasamh
go stuacach ar oileáinín mara

Abendrot

straying
on the quiet strand

both your eyes
full of the wind's
balsam

I noticed a *naomhóg*
making for the sun
and a seagull standing
archly on a small sea island

[*PC*]

An Drochbhliain

Saolaíodh sinn
in earrach na bliana céanna,
thógamar bád páipéir
is sheolamar le sruth í
ach d'imigh sí uainn
síos isteach i bpoll caca
is do ghoileamar.

Faoi ghrian an tsamhraidh
ritheamar fiáin sna páirceanna
is lorgaíomar an bheach
i measc na mbláth
ach thit do chróca uait
síos isteach i bpoll caca
is do ghoileamar.

Bhrúmar fúinn na duilleoga
is dheineamar cuileachta fómhair
is i gciúnas tráthnóna
chuamar in airde ar chrann
ach thit na húlla uait
síos isteach i bpoll caca
is do ghoileamar.

Thugamar lá sleamhain geimhridh
ag ithe sneachta
is ar oíche lánghealaí
d'imigh na cosa uait
is thitis isteach
i bpoll caca . . .

The Bad Year

We were born
in the spring of the same year,
we built a paper boat
and sailed it on the stream
but it slipped away from us
plonk into a shithole
and we cried.

Under the summer sun
we ran wild in the fields
looking for the bee
among the flowers
but your jamjar slipped from you
plonk into a shithole
and we cried.

We crushed the leaves under us
and made the autumn crack
and in the quiet of an afternoon
we climbed to the top of a tree
but the apples slipped from you
plonk into a shithole
and we cried.

We spent a slippery winter day
eating snow
and on a fullmooned night
your feet went from under you
and you slipped plonk
into a shithole . . .

[PC]

Leannáin

idir cnoc is sliabh
in iarthar an domhain
mhaireadar ó lá go lá
a scartha

idir an dá linn
fásann fiúise
dúisíonn na clocha
tagann an fharraige arís

Nollaig 1970

Lovers

between hill and mountain
in the western world
they lived from day to day
of separation

in the meantime
fuchsia grows
the stones are roused
the tide flows again

[*PC*]

Luimneach
do Áine agus do Mháire

Luíonn an chathair seo orm
mar bhróg nua.

Táim ar mo choimeád
ón gceann dea-bhearrtha
is má bheireann carabhat orm
tachtfaidh sé mé.

Fuaraim chomh tobann le cith
agus is sibhse (a thuigeann
chomh maith liom féin nach bhfuil
a leithéid de rud ann agus drochdhuine)
is túisce a fhliuchtar ag mo nílfhiosagam údarásach.

Ba cheart go dtuigfinn níos fearr sibh
is bhur rúnaithe corcra dáchosacha
is bhur gcairde *ginandtonic* i *loungebars*
ag caint faoi rugbaí is faoin Tuaisceart
i mBéarla spideogach RTÉ.

B'fhéidir gur luachmhar a bhraithim
anseo in bhur measc
gur eagla fuadaigh an gomh seo;
ag siúl na sráideanna san oíche
mo cheann lán de Chasadh na Gráige
uaireanta ní bhíonn aon athrú
ach boscaí brúscair in áit na fiúise.

Luíonn an chathair seo orm
mar bhróg nua

Limerick

for Ann and Mary

This city crowds me
like a new shoe.

I'm on the run
from the well-groomed head
and if a neck-tie gets me
I'll hang.

I go cold as sudden as rain
and it's you (who know as well
as I do that there's no such
thing as a badguy) who are first
caught in the rain of my definitive I-don't-know.

I should learn to accept you
and your purple two-legged secretaries
and your ginandtonic friends in loungebars
talking about rugby and the North
in RTE robin English.

Maybe it's that I feel precious
here in your midst
and this anger is a fear of being stolen
while walking the streets at night
my mind so full of Gráig's twisting road
that sometimes there is no difference
only dustbins instead of the fuchsia.

This city crowds me
like a new shoe

ach bogann leathar
is tagann as.

Samhradh 1972

but leather softens
and begins to give.

[*JS*]

Paranóia

agus uaireanta pléascann fuinneoga
titeann fallaí fásann neascóidí gránna
ar bharr do choincín briseann
hamburguraí amach ar na leapacha
chíonn tú cuacha beaga ag faire ort ón
seomra thíos ní féidir leat aon focain
rud fírinneach a rá teitheann do
chairde cacann pangur bán i lár an tí

Paranoia

and sometimes windows explode walls
collapse ugly boils erupt on the tip of
your nose hamburgers break out all over
the bedclothes you see small cuckoos
watching you from the room below
you're unable to say one fucking true
thing your friends disappear the monk's
cat shits on the parlour floor

[PC]

I mBeann Éadair

níl aon spéis agam
i gceartagusmícheart
ach i ndathanna

pé buí coinníollach
nó gorm caite
dá séidfidh tríom
meascaidís

ach ní cuma liom a thuilleadh
cé chífidh
mo thóin phinc
ar thrá dhorcha
i mBeann Éadair

In Howth

I couldn't give a damn
about rightandwrong
but I love colours

whichever conditional yellow
or past tense blue
might blow through me
let them blend

but after last night
I *do* give a damn
who sees my pink behind
on a dark beach
in Howth

[*PC*]

An Ghrian i Ráth Maonais

sín siar thar scáilmhaidin
a ghrian sheaca shamhna seo
a chaith coincheap criostail
suas trí lár Ráth Maonais
a las foilt
chatacha
i bhfuinneoga

is breá liom na scátháin
a mbíonn tú iontu
i bpáirtíocht lem thaibhrimh

neadaigh i gcrann dom tamall
go sciorrfad síos an chanáil dhuilleogach chugat
amach thar mo mheabhair

a chaoinghrian chaointeach
dall mé

Sun in Rathmines

lie back over shadowed morning
you frosty November sun
you threw a crystal idea
up through the middle of Rathmines
setting alight curled tresses
in windows

I love the mirrors
you suffuse
colluding with my dreams

nestle for a time in the treetop
while I slide down the leafy canal to you
beyond my understanding

soft lamenting sun
blind me

[PC]

Hiraeth
do Dhéirdre

an tost seo tar éis amhráin
agus an lá ag folcadh san abhainn
idir solas agus clapsholas

an scréach ná cloiseann éinne
agus titeann an oíche gleann
ar ghleann ag tafann sa bhfuacht

Hiraeth
for Déirdre

this silence after song
as day bathes in the river
between light and twilight

the scream that no one hears
and night falls valley
by valley barking in the cold

[*MD*]

I gCuimhne ar Lís Ceárnaighe, Blascaodach (†1974)

Tráth bhíodh cártaí ar bord,
Coróin is mugaí tae faoi choinneal
Cois tine ar caorthainn;
Asal amuigh san oíche,
Madraí tamall gan bhia
Is seanbhean dom mharú le Gaolainn.

Tráth bhíodh an chaint tar éis Aifrinn
Is nárbh í a dhamnaigh faisean
Stróinséirí in aon fhéachaint shearbhasach amháin
Is nár chuir sí Laethanta Breátha
Ó Ollscoil Chorcaí ina n-áit:
'An tuairgín', 'an coca féir', 'an fuaisceán.'

Tráth prátaí is maicréal
Le linn na nuachta i lár an lae
Ba mhinic a fiafraí
Mar nár fhlúirseach a cuid Béarla
Is déarfainn dhera go rabhadar ag marú a chéile
I dtuaisceart na hÉireann.

Tráth bhíodh sí ina dealbh
Ag fuinneog bharr an staighre
Ar strae siar amach thar ché
Abhaile chun an oileáin i dtaibhreamh
Is dá dtiocfainn suas de phreib taobh thiar di:
"Ó mhuise fán fad' ort, a chladhaire."

In Memory of Elizabeth Kearney,
Blasketislander (†1974)

Once it was cards on the table,
Rosary and mugs of tea in candlelight
Beside a blazing fire;
Outside, a donkey in the night,
Dogs denied their diet
And an old woman destroying me with Irish.

Once, there was the after-Mass chatting,
And she would trim the sails
Of strangers with one caustic look of her eye
Putting the College Trippers
Firmly in their places
With 'pestles' and 'hencrabs' and 'haycocks'!

Once, at mackerel and potatoes
During the news at noon-time
She'd ask for a translation
Because her English was lacking
And I'd say: "Yera they're killing each other
In the North of Ireland."

Once, she was like a statue
At the top-stairs window
Wandering west from the quayside
Home in a dream to her island
And if I suddenly came up behind her
She'd say: "Oh, you thief, may you long be homeless!"

[*MH*]

Athchuairt ar Chúl an Tí

Ar chúl an tí tá tír na bhfo-éadaí
ag rince requiem
sa ghaoth,

bráillíní gormbhána ar líne
ag déanamh míme
na lánghealaí.

A chailíní taobh thiar de chuirtíní
le bhur ndeasghnátha oíche
seachnaíg',

is mé an tachtóir
a bhfuiltear ar a thóir
a d'fhill ar láthair a chéad uafáis.

Meán Fómhair 1978

Return Visit to the Back of the House

Behind the house the province of underthings
is dancing a requiem
in the wind,

blue-white sheets on the line
doing the mime
of the full moon.

O girls behind curtains
at your night rituals
beware,

I am the strangler
on the run
returned to the scene of his first terror.

[PC]

Joe

Domhnach cuartaíochta
agus tusa, a Joe, i mí
do chéad shúgradh só
leis an ingear;

scanrúil álainn
do shúilín iarlámhacáin,
binn do thóir
idir síleáil is urlár

ar gach vása poircealláin,
ealaíontán, luaithreadán,
clóscríobhán, teilifíseán,
gach cupa lán, leathlán.

Pónaí riata ná déantar díot
i sibhialtacht tae an tseomra suí,
do chosa gabhlacha i gcónaí
tabhair leat go rábach.

Joe

A Sunday visit
and you, Joe, in the month
of your first flirtation
with the perpendicular;

terrifyingly beautiful
your toddler's eye,
sweetly scanning
from floor to ceiling

for every porcelain vase,
art-object, ash tray,
typewriter, TV,
every full cup, half-full cup.

Never be a tamed pony
in the tea-taking civilization of the parlour,
on bandy legs
make your bold getaway.

[*JS*]

Tarraing an Cuirtín, a Mhama
do Bhliain Idirnáisiúnta an Linbh, 1979

cé phleanáil an fáiltiú seo
cé smaoinigh ar scigdhráma
cén fáth faobharlann
aghaidheanna fidil, spotsholas, cnaguirlisí
cé tá ag scréachaíl
cé leis an lámh mhór
a stracann as do bhroinn ghrámhar
isteach in ifreann mé
cá bhfuil do chíoch
tarraing an cuirtín a Mhama
impím ort

Pull the Curtain, Mama
for the International Year of the Child, 1979

who planned this reception
who thought up the farce
why a theatre of knives, percussion instruments
why the masks, the spotlight
who is screaming
whose huge hand
tears me from your loving womb
into hell
where is your breast
pull the curtain Mama
I beg you

[*JS*]

Meirg agus Lios Luachra
do Mháire

gur imigh an t-am
mar seo mar siúd
sall timpeall
faoi
gurbh é an t-am a d'imigh
an t-am a bhí romhainn
sa todhchaí
is go rabhamar
tráthnóna síoraí samhraidh
i reilig seanghluaisteán
ar fán
i measc fothraigh
na *model t's*
go raibh meirg ar do lámha
ar do ghúna fada bán
go rabhamar cosnocht
beo bocht
griandóite go cnámh
go rabhthas ag sméideadh orainn
trí fhuinneog traenach
a bhí ag filleadh
ó chraobh na héireann
i naoi déag tríocha ceathair
gur leanamar í tamall
feadh an iarnróid
gur fhilleamar abhaile
ar an gcoill rúnghlas
thíos ar ghrinneall locha
mar a raibh ár lios luachra
go raibh ceol mileoidin in uachtar
mediums pórtair á n-ól

Rust and Rampart of Rushes
for Máire

that time weaved
this way that way
over around
under
so that time past
was time before us
in the future
and that we were
one eternal summer evening
in a graveyard of old cars
wandering
among the ruins
of model t's
that there was rust on your hands
on your long white dress
that we were barefoot
penniless
sunburnt to the bone
that we were waved to
from the window of a train
returning from
the all-ireland final
in nineteen thirty four
that we followed it awhile
along the line
home
to our green and secret wood
down in the lake's bed
where our rampart of rushes stood
that it was all melodeon music
porter by the medium

arán tí ar bord
go raibh pearsana anaithnid
ina scáileanna ar snámh
idir sinn agus dán
go raibh bearnaí mistéireacha le dathú
agus véarsaí le cur lenár ngrá
sara mbeadh an pictiúr
iomlán

home-made bread on the table
that unknown persons
were shadows floating
between us and fate
that there were gaps of mystery to be painted
and verses to be added to our love
before the picture be
complete

[*GR, MH*]

Ciorrú Bóthair

Dúirt sé liom gur dhuine é
A bhí ag plé le diantalmhaíocht,
A d'oibrigh riamh faoin spéir;
Bhí an chuma sin ar an stróinséir
Ó dhubh a iongan is ó bholadh an fhéir ghearrtha
Ar a Bhéarla deisceartach.

Cith eile flichshneachta;
Ansin do las an ghrian
An bóthar romhainn tríd an Uarán Mór
Soir go Béal Átha na Sluaighe
Is bhí an carr ina tigín gloine
Ar tinneall lena scéalta garraíodóireachta.

Bhí roinnt laethanta caite aige
Le gaolta taobh thiar den Spidéal:
"Tá Gaeilge agat, mar sin?"
"Níl ná Gaeilge ach Gaolainn . . ."
Múscraíoch siúrálta, mheasas; ach níorbh ea,
"Corcaíoch ó lár Chorcaí amach."

Ghin san splanc; phléasc comhrá Gaeilge
Gur chíoramar dúchas
Is tabhairt suas a chéile,
Is a Dhia nach cúng í Éire
Go raibh na bóithríní céanna canúna
Curtha dínn araon:

Coláiste Samhraidh i mBéal Átha an Ghaorthaigh,
Graiméar na mBráithre Críostaí,
Tithe tábhairne Chorca Dhuibhne,
Is an caolú, ansin, an géilleadh,
Toradh cúig nó sé de bhlianta
I gcathair Bhaile Átha Cliath.

Shortening the Road

He told me he had spent
His life in horticulture,
Had always worked in the open air;
That was clear about the stranger
From his black nails and the smell of cut grass
Off his southern English.

Another sleet-shower;
Then the sun lit up
The road before us through Oranmore
East to Ballinasloe
And the car was a glasshouse
Warming to his gardening lore.

He had been spending a few days
With relatives west of Spiddle:
"You have Irish then, I suppose?"
"Not Irish, but Munster Irish . . . !"
A Muskerry man definitely, I thought; but no:
"A Corkman out of the heart of Cork."

That lit a spark, exploding into Irish
And we combed through our backgrounds
And upbringings,
And God it's a small world
That we both could have travelled
The same backroads of dialect:

A Summer College in Ballingeary,
The Christian Brothers' Grammar,
The pubs of the Dingle Peninsula,
Then the compromise and watering down
Of five or six years
In the city of Dublin.

"Caithfidh gur breá an jab sa tsamhradh é?"
"Sea mhuis ach b'fhearr liom féin an tEarrach,
Tráth fáis, tá misniú ann,
Agus tá míorúiltí datha sa bhFómhar
A choimeádfadh duine ón ól . . ."
D'éalaigh an splanc as a ghlór.

Ach bhí an ghráin aige ar an Nollaig,
Mar a bhí ag gach deoraí singil
Trí bliana is dhá scór ag déanamh
A bhuilín i bparthas cleasach an tí óil.
"A bhfuil de thithe gloine á ndúnadh síos . . .
Táim bliain go leith díomhaoin . . ."

Níor chodail sé néal le seachtain,
Bhí sruthán truaillithe ag caismirneach
Trína cheann, ba dhóbair dó bá.
Bhí air teitheadh arís ón bpéin
Is filleadh ar Chamden Town,
Bhí *pub* beag ag baintreach uaigneach ann.

Thar Sionainn soir trí scrabhanna
Faoi áirsí ná gcrann méarach,
Dár gcaidreamh comhchuimhní
Dhein faoistin alcólaigh:
Mise im choinfeasóir drogallach
Faoi gheasa na gcuimleoirí.

Stopas ag droichead Shráid Bhagóid.
Dúirt sé gur thugas uchtach dó,
Go lorgódh sé jab i dtuaisceart an chontae,
Go mba bhreá leis a bheith
Chomh socair liom féin,
Go bhfeicfeadh sé arís mé, le cúnamh Dé.

"It must be a great job in the summertime?"
"Yes indeed, but I prefer the Spring,
A time of growth, it's reassuring,
And there are miracles of colour in Autumn
That would keep a man off the booze . . ."
The spark had left his voice.

But he hated Christmas,
As would any single exile
Reaching forty three
Loafing in the deluded paradise of the pub.
"They're closing the glasshouses down . . .
I'm a year and a half on the dole . . ."

He hadn't slept for a week,
A polluted stream was meandering
Through his brain, he had nearly drowned,
He was running from the pain again
Going back to Camden Town
Where a lonely widow had a small pub of her own.

East across the Shannon through squally showers
Under the arches of fingery trees,
What had been an exchange of memories
Had become an alcoholic's confession:
I the reluctant confessor
Under the spell of the windscreen wipers.

I stopped at Baggot Street bridge.
He said I'd given him hope,
That he would look for a job
In the north of the county,
That he'd love to be as steady as me,
That he'd see me again, please God, someday.

105

Ar imeacht uaim sa cheobhrán dó
Taibhríodh dom athchaidreamh leis an stróinséir
Ar imeall mórbhealaigh san imigéin:
Ach go mba mise fear na hordóige
Is go mb'eisean an coinfeasóir —
É chomh socair liom féin,
Chomh socair liom féin.

As he walked away into the fog
I imagined meeting the stranger again
On the verge of a foreign motorway
But I was the hitch-hiker
And he the confessor —
As steady as me,
As steady as me.

[*PC*]

Cuimhní Cré

I ndomhan ár ndéaga
i mbaclainn abhainn na Laoi
anuas ar na faichí coincréite
sna haird os cionn crónán
na cathrach

do thuirling na ciaróga
ina gcultacha greanta
a ngruaig cíortha anuas
a nguthanna
a gceol leictreach
lasta ar bís

chonaiceamar fís
i naoi déag seasca a trí
is níor creideadh sinn.

Seacht mbliana déag díot
John Lennon
ó fhís go fás
ó fhás go deargbhás
ar thairseach bhloc árasán
i bpríomhchathair do chineál ceoil
an *rock 'n roll*

ba tú ár ndeartháir críonna
ar bhealach
is d'fhan tú dílis don fhís
fiú nuair a d'imigh an grá
as faisean.

Is nach mór an cor sa tsaol
go ndúirt mo mháthair féin

Clay Memories

In our teenage world
in the arms of the river Lee
down on the concrete playgrounds
in the hills above the purr
of the city

the beetles descended
their hair combed down
their electric music
full speed in a spiral

we witnessed a miracle
in nineteen sixty three
and no one believed us.

Seventeen years of you
John Lennon
from seed to flower
from sapling to bloody death
outside an apartment block
in the capital of your kind of music
rock 'n roll

you were our sage brother
somehow
and stayed true to your vision
even when love had gone
out of fashion.

And isn't it strange
my own mother saying

nár thuig sí fáth
a briseadh croí
nár ghoill aon mharú
chomh mór uirthi
ó lámhachadh Kennedy
i Samhain na bliana úd.

Lá na gcoinnle inniu
na gcuimhní cré

i dtost deich nóiméad
tuirlingíonn calóg fhánach sneachta
go talamh bodhar.

14 Nollaig 1980

that she didn't know why
her heart was broken
nor why no death
had so grieved her
since Kennedy was shot
in November of that other year.

Today is a day of candles
clay memories

in the ten-second silence
a wandering snowflake descends
to deaf ground.

[PC]

Do Bhobby Sands an Lá sular Éag

Fanaimid,
mar dhaoine a bheadh
ag stánadh suas
ceithre urlár ar fhear
ina sheasamh ar leac fuinneoige
ag stánadh anuas orainn
go tinneallach.

Ach an féinmharú d'íobairtse?
ní géilleadh, ní faoiseamh;
inniu ní fiú rogha duit
léimt nó gan léimt.

Nílimid cinnte
dár bpáirtne sa bhuile;
pléimid ceart agus mícheart
faoi thionchar ghleo an tí óil;
fanaimid ar thuairiscí nua,
ar thuairimí nua *video*.

Fanaimid, ag stánadh,
inár lachain i gclúmh sóch,
ar na cearca sa lathach
is an coileach ag máirseáil thart
go bagarthach ar a ál féin,
ar ál a chomharsan
is i nguth na poimpe glaonn:
"coir is ea coir is ea coir."

Thit suan roimh bhás inniu ort.
Cloisimid ar an raidió

For Bobby Sands on the Eve of his Death

We wait,
like people
staring up at a man
who stands, tensed
on a fourth-floor window ledge
staring down at us.

But is your sacrifice suicide?
neither surrender, nor escape;
today you don't even have the choice
of jumping or not jumping.

Uncertain of our role
in this madness
we dispute the rights and wrongs
over the background boozer-roar.
We wait for the latest news,
the latest videoed opinions.

We wait,
ducks in our cushy down
staring at hens in the mud
and the strutting cock
threatening his own brood
and his neighbour's
with a pompous crow:
"a crime is a crime is a crime."

You fell today,
into the sleep of death.
We hear on the radio

glór do mhuintire faoi chiach,
an cumha ag sárú ar an bhfuath:
is é ár nguí duit
go mbuafaidh.

the grieving voice of your people
sorrow surmounting hatred:
our prayer for you
is that it prevail.

[*MO'L*]

Seandaoine

Chuimil sí a teanga dem shrón ghoirt
is dem spéaclaí a bhí sioctha
ag an sáile cáite is d'iarr sí orm
na luibheanna a ainmniú. A ainmniú?
(ní aithneoinnse an chopóg ón neantóg
an dtuigeann tú.)
Bhuel stathamar an crobh préacháin
is an méaracán dearg (An Dálach
a d'ainmnigh ar ball iad
á choiscreacan féin faoi thrí)
is dúrtsa gur sheandaoine iad
a léimeadh isteach sa chlaí
chun beannú do na gluaisteáin
is go rabhadar ag beannú dúinne
anois ar dhá thaobh an chasáin.
Leagamar síos ar thinteán an Dálaigh iad
gur eachtraigh sé dúinn mar a bhris
Peig Sayers a cromán lá dár thug
bean leighis lán a croibh
de mhéiríní sí isteach sa tigh chuici.
Nuair a d'fhilleamar abhaile
chuireamar ár bpiseoga faoi uisce
is chuireamar ar salann ár gcuimhne
tráthnóna lusach.

Old People

She licked my salty nose
and my glasses which were frosted
by the sea spray and she asked me
to name the plants. Me name plants?
(I couldn't tell a dock from a nettle
you know.)
Well, we pulled the crowsfoot
and foxglove (Daly
named them for us later
crossing himself three times)
and I said these were old people
who had jumped into the hedge
to salute the motorcars
and were saluting us now
from both sides of the pathway.
We laid them down on Daly's fireplace
and he related to us
that Peig Sayers broke her hip one day
after a healing woman had brought her
a handful of foxgloves unannounced.
When we got home
we put our superstitions in water
and preserved in salt the memory
of a herbal afternoon.

[*MH*]

Eléna

Eléna a áilleacht
faoi shála an táinreatha
i sráideanna an lae lobhraigh,
truaillbháisteach led ghrua anuas
trí d'fhallaing dhubh go cneas,
tabhair dúinn do láimhín tais.

Más cian is cás duit, a Ríon
ar thit a coróin seoda
ó tháibhlí a grianfhoilt go bréanlach,
tuig gur mó ná riamh
ar saobhghrá inár lár duit.

Ríocht do chianta glóire
fós ní spíontán
ach branar i bhfásach dall siléigeach;
dílseacht na gceithearnach ní leor
ach cé grúdarlach ólaid
ní fíon faoi lár é.

Eléna, a Ríon,
tabhair dúinn do láimhín tais,
abair nach lomchaite leat
ár véarsaí fraoich,
abair nach idéal aoldaite
do bhéal a phógadh,
luí led thaobh.

Bealtaine 1981

118

Eléna

Eléna — your beauty
trampled by stampeding droves
in the streets of a leprous day,
acid rain on your cheek and acid rain
seeping through your black robe to your skin —
give us your soft hand.

If isolation now weighs heavier on you
than the diadem
they toppled into the gutter
from the ramparts of your sun-tresses, Queen,
remember that our love for you
is now greater than ever.

The field that was your age-old realm
is not so much on its last legs
as lying idle
in a scorched, eternal interim.
So much for honour among thieves;
if they're reduced to drinking the dregs
at least there's something left in the bottle.

Eléna, Queen,
give us your soft hand,
tell us that our frenetic poems
aren't worm- or moth-
eaten, say that it's not some clapped-out ideal
for us to want to kiss your mouth,
to lie down beside you.

[*PM*]

An Sceimhlitheoir

Tá na coiscéimeanna tar éis filleadh arís.
B'fhada a gcosa gan lúth gan
fuaim.

Seo trasna mo bhrollaigh iad
is ní féidir liom
corraí;

stadann tamall is amharcann siar
thar a ngualainn is deargann
toitín.

Táimid i gcúlsráid dhorcha gan lampa
is cloisim an té ar leis
iad.

is nuair a dhírím air féachaint cé atá ann
níl éinne
ann

ach a choiscéimeanna
ar comhchéim le mo
chroí.

The Terrorist

The footsteps have returned again.
The feet for so long still
and silent.

Here they go across my breast
and I cannot
resist;

they stop for a while, glance
over the shoulder, light
a cigarette.

We are in an unlit backstreet
and I can hear who
they belong to

and when I focus to make him out
I see there is
no one

but his footsteps
keeping step with my
heart.

[PC]

An Góchumadóir

B'fhearr liom
don chéad uair le stáir
luí anseo ag stánadh
aníos ón gcruinne
isteach i spéir chlúmh lachan
atá ag teitheadh roimh an rud alltarach fuiníoch
a rug greim ar an ngrian,

ná bheith im dhuine gan fód
ar fán is mo phócaí lán
de phinginí a bhfuil cloigeann
ar chaon taobh díobh
is béal air siar go cluasa
i ngáire uafar
bithcheimiceach.

B'fhearr liom luí anseo
is mo chumha a chaitheamh
gan scáth
mar aibíd bhán othair
in áit nach gá an dubh
a chur ina gheal
ná cuirtín a tharrac.

The Counterfeiter

I would prefer
for the first time in a long time
to lie here and stare
up from the earth
into a duck's down sky
which flies before the Western beast
that smothered the sun,

than be rootless
wandering with pockets full
of pennies with heads
on both sides
with a mouth drawn back to the ears
in a grotesque
biochemical laugh.

I'd prefer to lie here
wearing my parting sorrow
without fear
like an invalid's white gown
in a place where there is no need
for black to be white
or for curtains to be drawn.

[PC]

123

An Léiritheoir

No, ní rabhamar ag taibhreamh.
B'in iad gunnaí na firmiminte go bladhmannach
ag fógairt clabhsúir le tonn teasa na Cásca;
scaoileann arraingeacha mígréine uathu go fuinneog
i léiriú leictreach uilechumhachta.
Sna tostanna idir rachtanna
cruinníonn na sluaite deor
is fanann i riocht caointe
le focal ón léiritheoir.

The Director

No, it isn't a dream.
They're the bombastic cannon of the heavens
announcing the end of the Easter heatwave.
They shoot you shafts of migraine to the window
in an all-mighty electric show.
In the silence between outbreaks
hosts of tears assemble
and wait on the brink of release
for the director's *GO!*

[*PC*]

An tÉigneoir

An domhan sa racht, a chara,
ba dhomhan deamhan é
corcaruaine gan daoine.
Ní leat ach tríot a labhraíos
ag teilgean saighead amach
sa spás gan spéir a bhí

eadrainn, nathanna nimhe
a bhí ag lúbarnaíl i bpluaiseanna
íochtar mo chinn
is ní saoirse a bhí uatha
ach scian. San éigniú teangan
a chara, déanaim leorghníomh.

The Rapist

The world in the convulsion, my friend,
was a world of evil genius
purple-green, unpeopled.
I spoke not to but through you
shooting darts into
the skyless space between

us, poisonous jibes that
had been lurking in caverns
at the bottom of my head
and it wasn't freedom they needed
but a knife. For this verbal rape
my friend, I make amends.

[PC]

An Rothaí

An fada ó labhradh an teanga seo libh
a Cheapóga na Sméar?
An fada ó ghaibh na speala de shleasbhuillí
trí bhorbfhás bhur móinéar?
An fada ó siúladh bhur gcasáin daite
gan bróga gan Béarla gan réal?
An fada romham tú id riocht síoraí
a dhuine a bhraithim lem thaobh
i lár na heornan buí —
tusa, 'chuir na focail seo im bhéal?

The Cyclist

Is it long since this tongue was spoken to you here,
Strawberry Beds?
Is it long since scythes with crescent strokes
cut through the brusque growth of your meadows?
Is it long since your beaten tracks were travelled
without shoes without English without sixpence?
Are you long before me in your spiritual
form someone that I sense beside me
in the middle of this barley field —
you who put these words in my mouth?

[*PC*]

Dán do Sheosamh Ó hÉanaí
(† Lá Bealtaine 1984)

Ba chomaoin ar an teach tú a theacht.
Comharthaí sóirt an tseanfhóid
a thugais leat thar lear
bhíodar leat arís abhaile
thar tairseach isteach:
an iall bróige a cheangail do chás cnagaosta
is an gáire gáirsiúil sin, gáire an fhir
nár scag na blianta an buachaill as
is nach bhfuair a bhéasa *foyer* an lámh in uachtar
ar a bhéasa tinteáin
(thaispeánfá ar ball
go raibh do bhéasa stáitse gan cháim.)

Mhaireamar mí ar an sean-nós.
Tharchéimnigh do mhóinghlór
leamhas leathscartha an bhruachbhaile:
do shúile uaigneacha teallach-oscailte
do scéalta faoin seansaol i gCárna
do thóir laethúil ar ronnachaí úra
i margaí sráide na seanchathrach
do mhallachtaí ar phúdarthae na málaí
dá dhuibhe — níor mhór duitse
fianaise láidir duilleog i dtóin gach muga.
Chuiris deilín ar dheilín i mbéal na leanaí
is chuiris na fataí ag ceiliúradh
is ag brú a mbolg amach
sa bhfastaím.

Nuair a dhúntá do shúile istoíche
théimis ag siúl leat

130

Poem to Joe Heaney

(† Mayday 1984)

Your coming was a communion in our house.
Odd symbols of the old sod
you brought with you abroad
returned home with you
over the threshold:
the shoelace that tied your travel-worn suitcase
and that dirty grin, the grin of a man
from whom the years had not sifted the boy
and whose foyer manner had not got the better
of his fireside manner
(soon you would show us
your stage manner was faultless).

We lived for a month in the old style.
Your turf voice transcended
the semidetachedness of the suburb:
your lonely open-hearth eyes
your stories of the old life in Carna
your daily hunt for fresh mackerel
through street markets of the old city
your curses on the teabag powder no matter
how black we brewed it, you needed
strong proof of leaves at the bottom of every mug.
You handed on rigmarole and rhyme to the children
and made the potatoes celebrate
pushing out their bellies
for the fun of it.

When you closed your eyes at night
we would walk with you

siar na bóithríní
cosnochtaithe
ag portaireacht
ag cruinniú aislingí ar an Trá Bháin.

down the backroads
barefoot
lilting
gathering *aislingí* in Trá Bháin.

[*PC*]

Sráid an Amhrais

Le dhá lá níl sámhnas ach síorbháisteach.
Phréamhaigh sceachaill an amhrais go doimhin
is theilg arraingeacha ar fuaid an bhaill.

Im shuí i mbialann Bhritish Home Stores
ag machnamh dom trí ghalfhuinneog
chím an phearsa stairiúil sin Clery & Co.

ag análú is ag easanálú saoránach
faoi scátha fearthainne, beag beann
ar an bhfathach Larkin ar a stáitse eibhir —

d'fhéadfadh na lapaí cré-umha san
bheith ag tabhairt dúshlán na scamall á rá:
"ídigh sinn má tá sé ionaibh, a ghrúdairí na díomá."

Disillusion Street

It's been raining for the past two days, with no let-up.
A tumour of disenchantment has taken root
and spread to all arts and parts.

From the restaurant in British Home Stores
I watch through a steamed-up window
the historical persona of Clery & Co.

inhale and exhale the citizenry,
umbrellas and all, all totally ignorant
of Big Jim Larkin on his plinth of granite —

those great bronze hands
might well be calling the clouds' bluff;
"Try wearing us out, O masters of let-down; let's see
                              you strut your stuff."

[*PM*]

Do Phound, ó Dhia

Mar 'bheadh smearadh dóite
Ag snámh aníos tríd an teach
Baineann do gheonaíl mo thaibhreamh amach . . .

7.08. Léan ort!
Ab é do mhún é?
Nó dúil i gcanna bídh?

Ab é an gnáthuaigneas maidne madra é?
Nó an bhfuilir i bhfastó?
Táim bodhar agat, éireod.

Faoi sholas éadrom na cúlchistine
Lúbann tú chugam go humhal
Ag feacadh le ceann-fé.

Anois léimeann tú
Do m'fháisceadh go grámhar
Idir do dhá lapa dornálaí

Is lingeann buicéidí bána áthais
As do dhá pholl dubha súl;
táim an-mhór leat, a chréatúir.

Is bíonn an mór san ag tuile is ag trá
Ionam, ó loime go lánbhláth,
Ina bharaiméadar féinfhuatha, féinghrá.

Nach tú 'chuireann mo phleananna in aimhréidh
I gcinniúint ghiobail;
Is nach tú 'bhíonn thíos lem mhífhoighne

To Pound, from God

Like the smell of burning fat from the pan,
your whimpering smarms
its way upstairs and sets off my alarm.

7.08. . . Fuck this for a party.
I suppose you'll want me to wipe your bum
or open a can of *Pedigree Chum*.

Whether it's your usual morning dog-desolation
or you've finally managed to strangle yourself
I don't know, but I'll get up before I go deaf.

You bow and scrape
with a kind of hangdog genuflection
through the gentle light of the back-kitchen.

Now you take a swing at me,
then tenderly nurse my jaw
between your boxer's bandaged paws

until it's a toss-up
which is greater —
your love for me or mine for you, you cratur.

A love that, in my case, ebbs and flows
from desolation to full bloom,
barometer of my self-hatred or self-esteem.

Aren't you the one who gives the lie
to my grand ideas of the complex, the pre-ordained,
and isn't it you who bears the brunt

Le próiseas prósúil an lae
Nuair a chaithim coincheap iomlán
Na soláimhsitheachta i dtraipisí

Is téim ag sceamhaíl lem scáil
Nó ag rútáil ar thóir cnámh spairne
I mbanc dramhaíl' i gcúl mo chinn.

Is nuair is mó is mian liom tú
Ag rince le teanntás sa bhfoirfeacht
Satlaíonn tú go hamscaí

Ar pheiciníos Mhiss H.
Is uaireanta ní aithneofá Aingeal an Tiarna
Ó bhuirgléir oíche. Is tugann sé

Sólás sádach éigin dom an cac
A scanrú asat ar fuaid an chúlghairdín
Is amharcann tú go smigshásta ansan orm

Á chnuasach chugam arís
Lem mhála plaisteach is lem shluasaidín . . .
A Phound, a ghadhair mo chléibh'

Aimsíonn tú an gadhar ionam féin
An taibhreoir faoi shlabhra
Ag geonaíl chun Dé.

of my impatience with the humdrum?
Then my concept of *regulum mundi*
goes right out the window

and I go chasing my own shadow-tail
or truffling about for some bone of contention
in the back of the head's midden.

For when it would be my dearest wish
that you dance a quadrille
you go and trample awkwardly

Miss H.'s pekinese.
Sometimes you can't distinguish the Archangel Gabriel
from a common burglar.

It gives me a kind of sadistic satisfaction
to scare the shit
out of you in the back garden. Then you smugly sit

and watch me scoop it up again
with my poop-bag and poop-shovel . . .
Pound, you old devil,

you have found the hound in me —
we are dreamers both, both at the end of our tether,
and whimpering at God together.

[*PM*]

Innéacs na gCéadlínte

Index of First Lines